Tres cuentos de Poe en B/N

Dirección editorial:
Departamento de Literatura Infantil y Juvenil

Dirección de arte:
Departamento de imagen y diseño GELV

© Del guion y las ilustraciones: Xavier Besse
© De esta edición: Editorial Luis Vives, 2009
   Carretera de Madrid, km 315,700
   50012 Zaragoza
   Teléfono: 913 344 883
   www.edelvives.es

Editado por Celia Turrión

ISBN: 978-84-263-7181-2
Depósito Legal: Z. 803-09

EDJ ISO 9001 · Talleres Gráficos Edelvives (50012 Zaragoza)
   Certificados ISO 9001

Impreso en España

Tres cuentos de Poe en B/N

Xavier Besse

EDELVIVES

Para Anne y Céleste.

INTRODUCCIÓN

Edgar Allan Poe, maestro de la intriga
y lo fantástico, refleja en sus textos
la tragedia que empañó su vida.
Con su prosa estremecedora, nos traslada
a lugares que se encuentran más allá
de la humanidad, nos acerca a personajes
fatalmente desgraciados, abandonados
a su suerte y torturados por sentimientos
como el rencor y el miedo. Por esto, en todo
el mundo se le considera una figura
imprescindible dentro de la literatura
de terror.

En los tres relatos que presentamos en esta
edición, encontramos varios de los temas
más recurrentes de este género. El sabor
de la venganza en *El barril de amontillado,*
la búsqueda del límite entre fantasía y
realidad en *Manuscrito hallado en una botella*
y el reflejo del lado oscuro del ser humano
en *El gato negro.*

Disfrutamos de todo ello gracias a una fiel
y novedosa adaptación del célebre ilustrador
Xavier Besse, quien, a través de sus
expresivas e inquietantes imágenes
en blanco y negro, nos abre de par en par
las puertas al mundo de lo perverso y
de lo desconocido.

Manuscrito hallado en una botella

La esperanza de que este mensaje se transmita al mundo disminuye a medida que avanza mi periplo.

SIN EMBARGO, QUIERO INTENTARLO, Y POR ESO METERÉ EL PRESENTE MANUSCRITO EN UNA BOTELLA Y LA TIRARÉ AL MAR.

PERO TEMO QUE EL INCREÍBLE RELATO QUE ME DISPONGO A HACER AQUÍ SEA CONSIDERADO COMO EL DELIRIO DE UNA IMAGINACIÓN INDIGESTA EN LUGAR DE LA EXPERIENCIA DE UN ESPÍRITU DE REPUTACIÓN CARTESIANA E INCRÉDULA.

FUE DURANTE EL TRAYECTO DE UNA TRAVESÍA DESDE LA RICA Y POPULOSA ISLA DE JAVA CON DESTINO AL ARCHIPIÉLAGO DE LA SONDA

HABÍA EMBARCADO EN CALIDAD DE PASAJERO A BORDO DE UN BARCO DE MERCANCÍAS.

GOZÁBAMOS DE UN VIENTO ESTABLE DESDE HACÍA VARIOS DÍAS, Y EL VIAJE TRANSCURRÍA SIN INCIDENTES...

UNA TARDE DE CALMA EXCEPCIONAL, LA BRISA CESÓ Y EL CAPITÁN ORDENÓ ARRIAR LAS VELAS Y ECHAR EL ANCLA.

LA CALMA ERA TAN ABSOLUTA QUE LA TRIPULACIÓN DORMÍA EN LA CUBIERTA.

¡VAMOS A MORIR!

LA PEOR PARTE DE LA TEMPESTAD HABÍA PASADO, PERO DURANTE CINCO NOCHES Y CINCO DÍAS ENTEROS, NUESTRO CASCO AVANZABA A UNA VELOCIDAD INCALCULABLE, IMPULSADO POR RACHAS DE VIENTO QUE SE SUCEDÍAN SIN DESCANSO.

ESTÁBAMOS SOLOS; EL ANCIANO Y YO. EL CAPITÁN Y LOS DEMÁS MIEMBROS DE LA TRIPULACIÓN HABÍAN SIDO ARRASTRADOS POR EL AGUA.

NUESTRO RUMBO ERA SUDSUDESTE.

NOS ALIMENTÁBAMOS DE AGUA DE LLUVIA Y DE ALGUNOS TROZOS DE AZÚCAR DE PALMA QUE SACAMOS CON GRAN ESFUERZO DEL CASTILLO DE PROA.

Y, AL QUINTO DÍA, EL FRÍO SE VOLVIÓ EXTREMO.

ESE SOL...

SÓLO ERA UN DISCO PÁLIDO, COMO SI UNA FUERZA INEXPLICABLE LO HUBIESE APAGADO DE REPENTE.

DESDE ENTONCES, MIS OJOS NO HAN VUELTO A VER EL SOL. SE SUMERGIÓ EN EL OCÉANO PARA NO REAPARECER JAMÁS.

A NUESTRO ALREDEDOR TODO ERA HORROR, ESPESA OSCURIDAD, NEGRO DESIERTO DE ÉBANO LÍQUIDO.

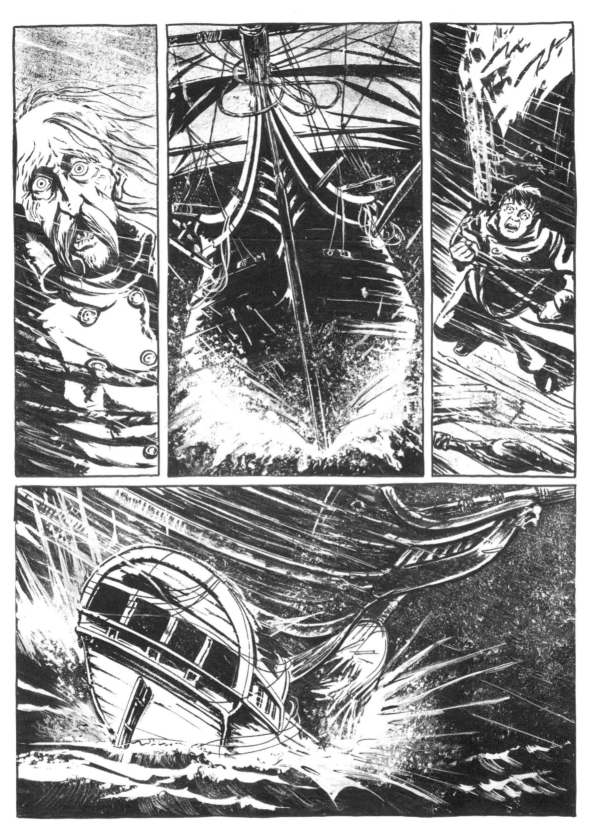

LA VIOLENCIA DEL CHOQUE
ME LANZÓ AL GIGANTESCO NAVÍO.

ÑIIIIIIIIII

¿QUÉ NAVÍO ES ÉSTE?

22

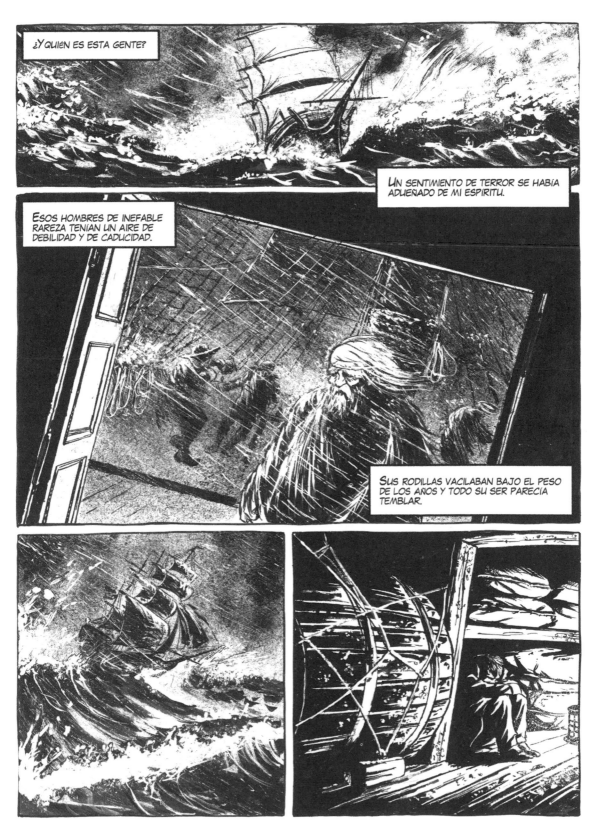

¿Y QUIÉN ES ESTA GENTE?

UN SENTIMIENTO DE TERROR SE HABÍA ADUEÑADO DE MI ESPÍRITU.

ESOS HOMBRES DE INEFABLE RAREZA TENÍAN UN AIRE DE DEBILIDAD Y DE CADUCIDAD.

SUS RODILLAS VACILABAN BAJO EL PESO DE LOS AÑOS Y TODO SU SER PARECÍA TEMBLAR.

¿CUÁNTO HACE QUE PISÉ POR PRIMERA VEZ LA CUBIERTA DE ESTE TERRIBLE BUQUE?

AHORA ME DOY CUENTA DE QUE ESCONDERME ES UNA ABSOLUTA LOCURA POR MI PARTE...

ESTA GENTE NO QUIERE VER...

HOMBRES INCOMPRENSIBLES...

HABLAN CONSIGO MISMOS, FARFULLANDO UNA LENGUA QUE NO LOGRO ENTENDER...

... ENVUELTOS EN EXTRAÑAS MEDITACIONES.

A VECES, UNA SENSACIÓN DE COSAS QUE ME RESULTAN FAMILIARES ATRAVIESA MI ESPÍRITU COMO UN RAYO,
Y, CON ESTAS SOMBRAS FLOTANTES DE LA MEMORIA, SIEMPRE SE MEZCLA UN INEXPLICABLE RECUERDO DE ANTIGUAS
CRÓNICAS EXTRANJERAS Y DE SIGLOS REMOTOS.

LA MADERA DE ESTE BARCO ME ES DESCONOCIDA,
Y POSEE UNA POROSIDAD EXTREMA...

... CONSECUENCIA DE LA
NAVEGACIÓN POR ESTOS
MARES...
Y DE LA PODREDUMBRE
RESULTANTE DE LA VEJEZ.

EL NAVÍO ESTÁ IMPREGNADO POR COMPLETO
DEL ESPÍRITU DE TIEMPOS REMOTOS.

COMO ESPERABA, EL CAPITÁN NO ME PRESTÓ NINGUNA ATENCIÓN.

CON UNA MIRADA ARDIENTE E INQUIETA, DEVORABA UNA ESPECIE DE COMISIÓN QUE LLEVABA LA FIRMA DE UN MONARCA...

... Y MURMURABA EN VOZ BAJA ALGUNAS PALABRAS EN UNA LENGUA EXTRAÑA.

LOS MIEMBROS DE LA TRIPULACIÓN SE DESLIZAN AQUÍ Y ALLÁ COMO SOMBRAS DE SIGLOS ENTERRADOS, Y EN SUS OJOS HABITA UN PENSAMIENTO ARDIENTE E INQUIETO.

ME AVERGÜENZO DE MIS TEMORES ANTERIORES.

SI LA TEMPESTAD ME HIZO TEMBLAR, AHORA EL NAVÍO ESTÁ LITERALMENTE ENCERRADO EN LAS TINIEBLAS DE UNA NOCHE ETERNA.

UNAS PRODIGIOSAS MURALLAS DE HIELO SE ALZAN HACIA EL CIELO DESOLADO Y RECUERDAN A LAS MURALLAS DEL UNIVERSO.

ESTA CORRIENTE NOS CONDUCE SIN DUDA AL POLO SUR, ALLÍ DONDE NO HA LLEGADO JAMÁS NINGÚN HOMBRE QUE SE RECUERDE EN LA HISTORIA.

BROOOO BROOOO

LOS TRUENOS RETUMBAN CADA VEZ MÁS FUERTE DESDE EL LADO SUR.

NOS PRECIPITAMOS HACIA UNA REVELACIÓN CUYO CONOCIMIENTO IMPLICA LA MUERTE.

LA INTENSIDAD DE LA CORRIENTE SE HA INCREMENTADO. NUESTRA VELOCIDAD SE HA VUELTO PRODIGIOSA.

LA TRIPULACIÓN VA Y VIENE POR LA CUBIERTA CON PASO TEMBLOROSO E INQUIETO.

PERO LO QUE DESCUBRO EN TODAS LAS FISONOMÍAS RECUERDA MÁS AL ARDOR DE LA ESPERANZA QUE A LA APATÍA DE LA DESESPERACIÓN.

¡DIOS!

¡HA LLEGADO LA HORA DEL DESCUBRIMIENTO!

El barril
de amontillado

SOPORTÉ LO MEJOR
QUE PUDE LOS MIL
AGRAVIOS DE FORTUNATO.

El gato

negro

MAÑANA MORIRÉ.

Y ERA, EN ESPECIAL, UN APASIONADO DE LOS ANIMALES.

¡NUNCA ME SENTÍA TAN FELIZ COMO CUANDO LOS ALIMENTABA Y LOS ACARICIABA!

ME CASÉ JOVEN, Y MI MUJER NO PERDIÓ OCASIÓN ALGUNA DE PROCURARME AQUÉLLOS DE LAS MEJORES ESPECIES.

TENÍAMOS PÁJAROS, UN PEZ DORADO, UN BONITO PERRO, UN MONO PEQUEÑO Y UN GATO, PLUTÓN...

PLUTÓN ERA TOTALMENTE NEGRO, ROBUSTO, HERMOSO...

... Y DE UNA MARAVILLOSA SAGACIDAD.

CUANDO HABLÁBAMOS DE SU INTELIGENCIA, MI MUJER HACÍA FRECUENTES ALUSIONES A UNA ANTIGUA CREENCIA POPULAR.

CONSIDERABA A TODOS LOS GATOS NEGROS...

... BRUJAS DISFRAZADAS. ¡MI BUEN AMIGO!

ESTA AMISTAD QUE ME UNÍA A PLUTÓN
CONTINUÓ VARIOS AÑOS.

«PERVERSIDAD».

ES EL DESEO ARDIENTE, INSONDABLE DEL ALMA DE ATORMENTARSE A SÍ MISMA...,

... DE HACER EL MAL POR AMOR AL MAL.

ES ESE SENTIMIENTO QUE ME EMPUJÓ A CONSUMAR EL DAÑO QUE LE HABÍA INFLIGIDO A MI PLUTÓN.

¡ES EXTRAORDINARIO!

LA MISERIA NOS HABÍA OBLIGADO A HABITAR UN VIEJO EDIFICIO EN MAL ESTADO.

DURANTE VARIOS MESES, NO PUDE DESHACERME DEL ESPÍRITU DEL GATO.

UN GATO TUERTO COMO PLUTÓN.

¡JURARÍA QUE ERES MI PLUTÓN RESUCITADO!

... SENTÍA UN VERDADERO TERROR DE LA BESTIA.

EN CAMBIO, MI MUJER SE HABÍA CONVERTIDO EN MI HABITUAL CABEZA DE TURCO. PERO, DESGRACIADAMENTE, ELLA NUNCA SE QUEJABA...

¿TE HAS DADO CUENTA DE LA EXTRAÑA FORMA DE LA MANCHA QUE TIENE EN EL PECHO?

SÍ. LA HE VISTO.

La horca, lúgubre y terrible máquina de horror y de crimen, de agonía y de muerte.

AHORA DE VERDAD YO ERA UN MISERABLE MÁS ALLÁ DE LA MISERIA DE LA HUMANIDAD.

EL GATO, UNA BESTIA A CUYO HERMANO YO HABÍA MATADO CON DESPRECIO.

YA NO VOLVÍ A CONOCER LA BEATITUD DEL DESCANSO.

LA CRIATURA NO ME DEJABA NI UN SOLO MOMENTO. NI DE DÍA...

... NI DE NOCHE.

PUF

EL HORROR Y EL ASCO QUE SENTÍA POR ESE MONSTRUO ME HABRÍAN BASTADO PARA LIBERARME SI ME HUBIESE ATREVIDO...

ME ES IMPOSIBLE DESCRIBIR LA PROFUNDA Y BENDITA SENSACIÓN DE ALIVIO QUE LA AUSENCIA DE LA DETESTABLE CRIATURA DEJÓ EN MI CORAZÓN. AQUELLA FUE LA PRIMERA NOCHE TRANQUILA TRAS SU LLEGADA A LA CASA.

PASARON TRES DÍAS Y MI VERDUGO NO VOLVIÓ.

MI FELICIDAD ERA SUPREMA.

SE HABÍA LLEVADO A CABO UNA ESPECIE DE INVESTIGACIÓN, PERO SE CERRÓ RÁPIDAMENTE.

SE ORDENÓ REGISTRAR LA CASA PERO, NATURALMENTE, NO PUDIERON DESCUBRIR NADA.

ÍNDICE